우리 책 자기의 소원

처음부터 제대로 배우는 한국사 그림책 11

우리 책 직지의 소원_직지심체요절이 들려주는 고려 시대 이야기

초판 1쇄 발행 2018년 1월 25일
초판 4쇄 발행 2023년 4월 7일

글 최은영
그림 심수근
도움 청주고인쇄박물관

펴낸곳 도서출판 개암나무(주)
펴낸이 김보경
경영관리 총괄 김수현　**경영관리** 배정은
편집 조원선 오누리 김소희　**디자인** 이은주　**마케팅** 김유정
출판등록 2006년 6월 16일　제22-2944호

주소 서울특별시 용산구 한남대로40길 19, 4층(한남동, JD빌딩) (우)04417
전화 (02)6254-0601, 6207-0603　**팩스** (02)6254-0602　**E-mail** gaeam@gaeamnamu.co.kr
개암나무 블로그 http://blog.naver.com/gaeamnamu　**개암나무 카페** http://cafe.naver.com/gaeam

ⓒ 최은영, 심수근, 2018
이 책의 저작권은 저자에게 있습니다. 저자와 출판사의 허락 없이 내용의 일부를 인용하거나 발췌하는 것을 금합니다.

ISBN 978-89-6830-445-3 74900
ISBN 978-89-6830-122-3 (세트)

이 도서의 국립중앙도서관 출판시도서목록(CIP)은 서지정보유통지원시스템 홈페이지(http://seoji.nl.go.kr)와
국가자료공동목록시스템(http://www.nl.go.kr/kolisnet)에서 이용하실 수 있습니다.
(CIP제어번호: CIP2018000971)

품명 아동 도서 | **제조년월** 2023년 4월 7일 | **사용연령** 10세 이상
제조자명 개암나무(주) | **제조국명** 대한민국 | **전화번호** 02-6254-0601
주소 서울특별시 용산구 한남대로40길 19, 4층(한남동, JD빌딩)

직지심체요절이 들려주는 고려 시대 이야기

우리 책 직지의 소원

최은영 글
심수근 그림

개암나무

◀ 국가 무형 문화재 임인호 금속 활자장이 복원한 직지심체요절의 금속 활자.

직지는 현존*하는 세계에서 가장 오래된 금속 활자본으로
인쇄 문화의 전파와 인류의 역사에 큰 영향을 주었다.
이에 세계적인 영향력을 준 기록 유산으로 인정했고,
현재 프랑스에 단 한 권만 보관되어 있기에
그 희귀성이 유네스코의 기록 유산으로 선정하는 데 크게 고려되었다.
아울러 직지와 구텐베르크 42행 성서는
현존하는 세계에서 가장 오래된 동서양의 금속 활자본으로
인류의 기록 문화를 혁신적으로 바꾼 최대의 유산이다.

– 직지심체요절의 유네스코 세계 기록 유산 등재 이유 중에서 –

현존 현재에 있음.

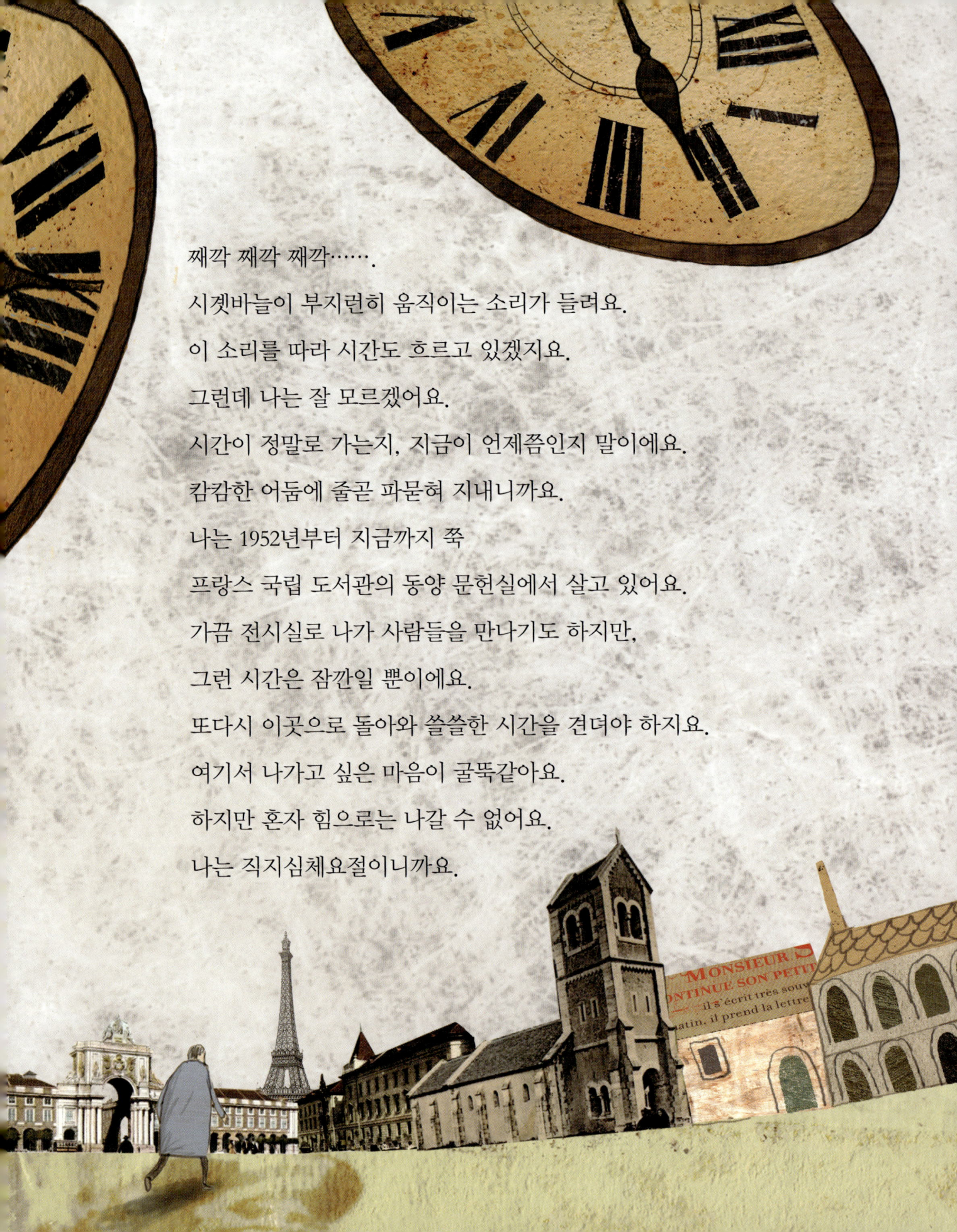

째깍 째깍 째깍…….
시곗바늘이 부지런히 움직이는 소리가 들려요.
이 소리를 따라 시간도 흐르고 있겠지요.
그런데 나는 잘 모르겠어요.
시간이 정말로 가는지, 지금이 언제쯤인지 말이에요.
캄캄한 어둠에 줄곧 파묻혀 지내니까요.
나는 1952년부터 지금까지 쭉
프랑스 국립 도서관의 동양 문헌실에서 살고 있어요.
가끔 전시실로 나가 사람들을 만나기도 하지만,
그런 시간은 잠깐일 뿐이에요.
또다시 이곳으로 돌아와 쓸쓸한 시간을 견뎌야 하지요.
여기서 나가고 싶은 마음이 굴뚝같아요.
하지만 혼자 힘으로는 나갈 수 없어요.
나는 직지심체요절이니까요.

쏴아아! 갑자기 세찬 빗소리가 들려요.
와다닥! 덩달아 부산스러운 발소리가 여기저기에서 울려요.
사람들이 소나기를 피해 도서관에 들어왔나 봐요.
저 사람들 중에 단 한 명이라도 나를 찾아 준다면 얼마나 기쁠까요?
나는 마음을 모아 비구름에게 기도했어요.
잠깐이라도 좋으니 내 이야기를 들어 줄 말벗을 보내 달라고요.
바로 그때, 창밖에서 하늘을 쪼갤 듯 커다란 번개가 번쩍이더니
우르릉 쾅! 천둥이 울렸어요.
어느덧 요란한 발자국 소리는 뚝 그치고,
사방이 물에 잠긴 듯 고요해졌어요.

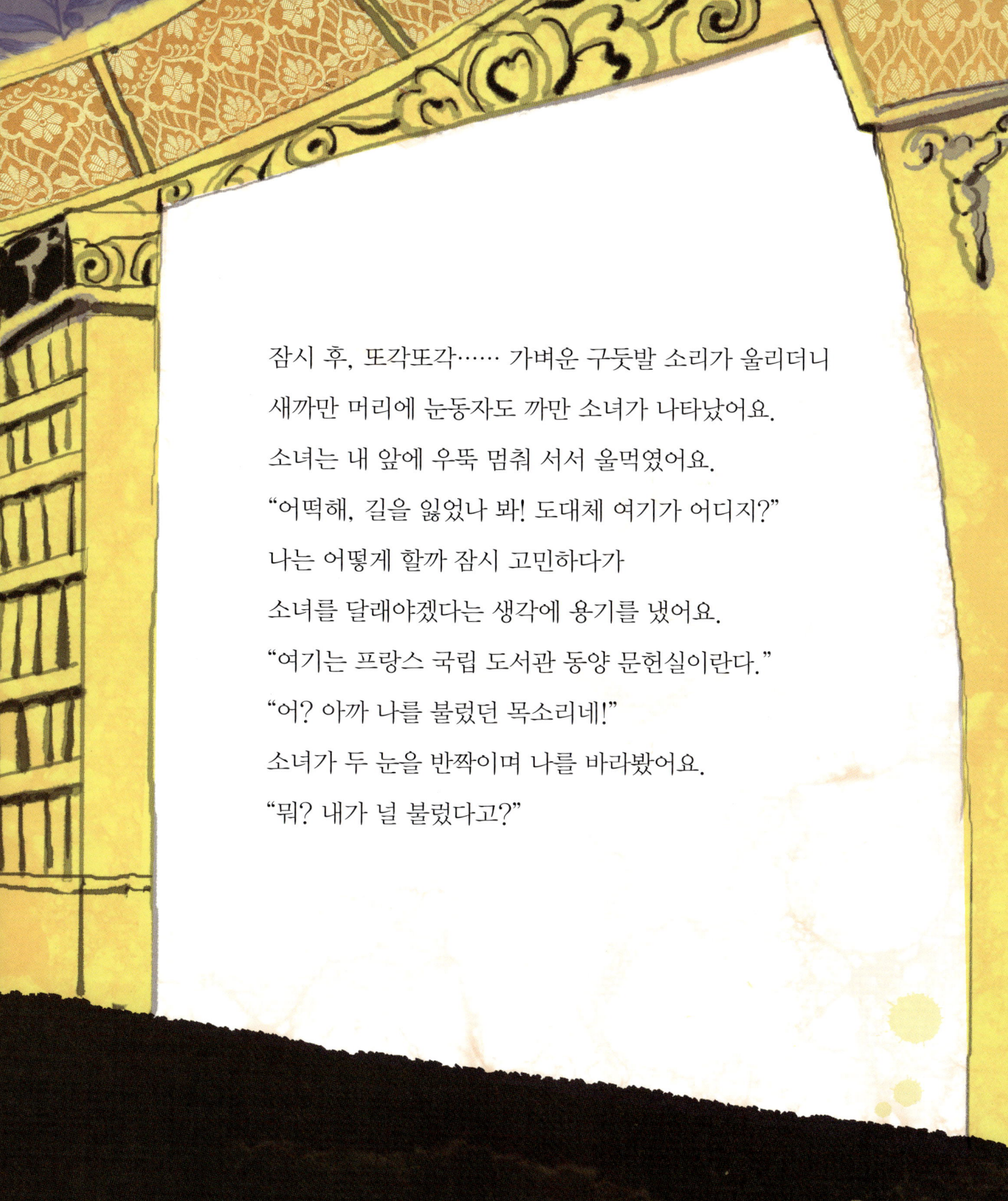

잠시 후, 또각또각…… 가벼운 구둣발 소리가 울리더니
새까만 머리에 눈동자도 까만 소녀가 나타났어요.
소녀는 내 앞에 우뚝 멈춰 서서 울먹였어요.
"어떡해, 길을 잃었나 봐! 도대체 여기가 어디지?"
나는 어떻게 할까 잠시 고민하다가
소녀를 달래야겠다는 생각에 용기를 냈어요.
"여기는 프랑스 국립 도서관 동양 문헌실이란다."
"어? 아까 나를 불렀던 목소리네!"
소녀가 두 눈을 반짝이며 나를 바라봤어요.
"뭐? 내가 널 불렀다고?"

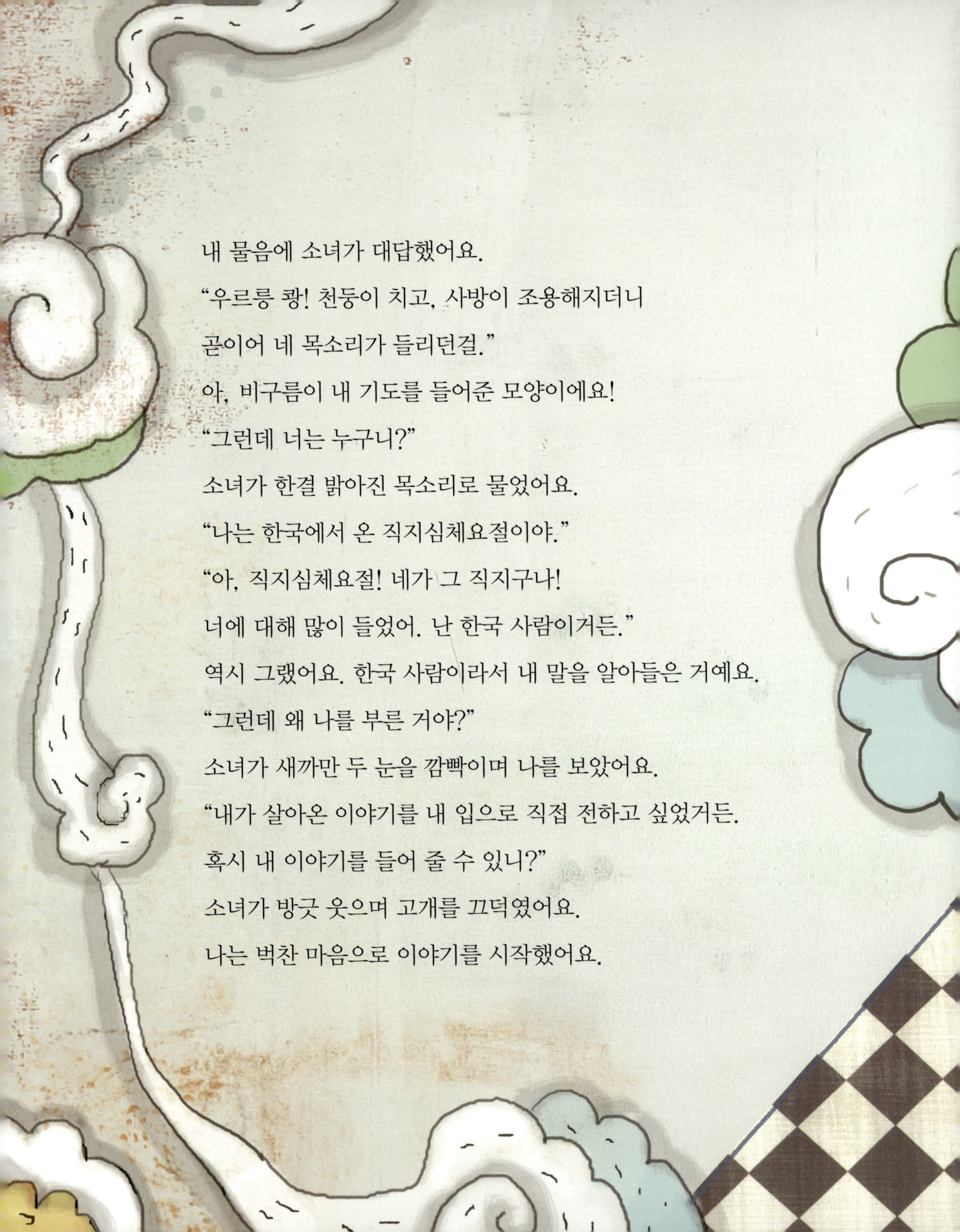

내 물음에 소녀가 대답했어요.

"우르릉 쾅! 천둥이 치고, 사방이 조용해지더니 곧이어 네 목소리가 들리던걸."

아, 비구름이 내 기도를 들어준 모양이에요!

"그런데 너는 누구니?"

소녀가 한결 밝아진 목소리로 물었어요.

"나는 한국에서 온 직지심체요절이야."

"아, 직지심체요절! 네가 그 직지구나! 너에 대해 많이 들었어. 난 한국 사람이거든."

역시 그랬어요. 한국 사람이라서 내 말을 알아들은 거예요.

"그런데 왜 나를 부른 거야?"

소녀가 새까만 두 눈을 깜빡이며 나를 보았어요.

"내가 살아온 이야기를 내 입으로 직접 전하고 싶었거든. 혹시 내 이야기를 들어 줄 수 있니?"

소녀가 방긋 웃으며 고개를 끄덕였어요.

나는 벅찬 마음으로 이야기를 시작했어요.

내 원래 이름은 '백운화상초록불조직지심체요절'이야.

정말 길고 복잡하지?

그런데 이 긴 이름을 찬찬히 풀어 보면

누가 어떤 내용으로 나를 썼는지 알 수 있단다.

우선 맨 앞에 나오는 '백운'은 사람의 이름이야.

'화상'은 스님이라는 뜻이지.

그다음 '초록'은 필요한 부분만 뽑아서 적었다는 뜻이고,

'불조직지심체요절'은 부처님과 유명한 스님들의 가르침을

바르게 깨닫는 데 요긴한 글이라는 뜻이야.

그러니까 나는 백운 스님이 불교의 가르침 중에서

중요한 부분만 골라서 쓴 책이지.

그런데 내 이름이 너무 길어서

대개는 직지심체요절, 혹은 직지라고 줄여 부른단다.

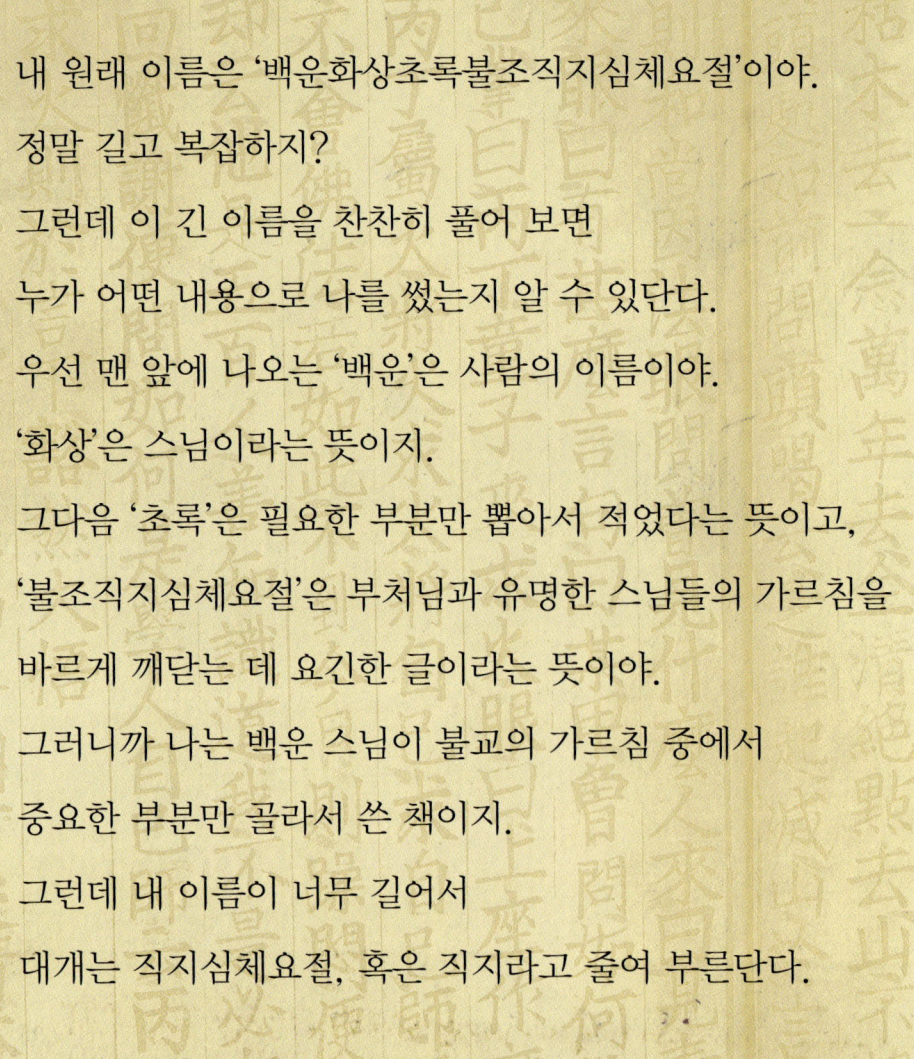

나를 쓴 백운 스님은 고려의 스님이야.

고려 시대는 우리나라 역사에서 불교가 가장 번창한 때였어.

팔관회나 연등회 같은 불교 행사를

매년 국가의 행사로 성대하게 치렀지.

작은 절에서까지 여러 행사를 벌여 백성들의 마음을 모았어.

왕실과 백성들의 지지를 받으면서 불교는 힘을 키워 갔어.

급기야 나랏일에 관여할 정도로 세력이 커졌지.

그러자 고려의 불교는 조금씩 변하기 시작했어.
돈과 권력에 욕심을 부리면서 타락*의 길로 들어섰지.
고려 말에는 원나라와 자주 전쟁을 벌였는데,
전쟁을 이끄는 장군들이 왕 대신 권력을 마구 휘둘러
나라가 매우 혼란스러웠어.
절에서는 부처님의 말씀으로 나라 안팎의 어려움을
이겨 내야 한다며 대대적인 불교 행사를 벌였는데,
사실은 재물을 쌓고 힘을 키워
제 욕심만 채우려는 속셈이었어.

타락 올바른 길에서 벗어나 잘못된 길로 빠지는 일.

백운 스님은 나라가 위태롭게 흔들리는 모습을 보며 안타까워했어.
"차라리 수행*에 힘쓰는 게 낫겠다."
그러고는 그길로 중국 하무산에 있는 천호암을 찾아갔지.
스승인 석옥 스님과 함께 부처님의 말씀을 마음에 새기고
경전을 공부하며 1년여를 보냈어.
백운 스님이 다시 고려로 돌아갈 무렵
석옥 스님이 책 한 권을 선물로 주었어.
부처님과 유명한 스님들의 귀한 말씀을
한 자 한 자 옮겨 적은 불조직지심체요절이었지.

수행 부처의 가르침을 실천하고 불도를 닦는 데 힘씀.

백운 스님은 고려로 돌아오는 길에
불조직지심체요절을 천천히 읽어 보았어.
스승이 꼼꼼히 옮겨 적은 귀한 말씀은
고려의 승려들에게도 큰 가르침이 될 듯했지.
그런데 조금 아쉬운 부분이 있었어.
'다른 책에 있는 글귀도 골라서 보태자!'
백운 스님은 다른 불교 책들에서
글귀들을 가려 뽑아 내용을 보충했어.
1372년, 드디어 '백운화상초록불조직지심체요절'이
탄생했어. 두 권의 책으로 말이야.

책을 완성하고 2년 뒤, 백운 스님은
경기도 여주에 있는 취암사에서 77세의 나이로 생을 마쳤어.
이때까지만 해도 직지심체요절은 백운 스님이 제자와 함께
한 자 한 자 손수 쓴 두 권의 책이었지.
그런데 이걸로 끝이었다면, 지금의 나는 없었을 거야.

"그게 무슨 소리야?"
소녀가 궁금한 얼굴로 나를 보았어요.
"너 혹시 고려 시대에 금속 활자로 책을 만드는
뛰어난 인쇄 기술이 있었다는 걸 알고 있니?"
내가 조금 뽐내며 묻자,
소녀는 눈을 깜빡이더니 고개를 절레절레 저었어요.
나는 온몸에 힘을 바짝 주고 자랑스럽게 말했어요.
"나는 백운 스님이 쓴 직지심체요절을
금속 활자로 인쇄한 책이야."
"정말? 그런데 백운 스님은 돌아가셨다면서.
누가 너를 인쇄한 거야?"
"이제 그 이야기를 들려줄게."

활자 네모기둥 모양의 금속 윗면에 글자를 볼록 튀어나오게 새긴 것.

백운 스님이 세상을 떠나고 3년쯤 지났을 무렵,
스님의 제자 석찬과 달잠은 직지심체요절이
하나밖에 없다는 사실이 매우 안타까웠어.
"이렇게 좋은 책을 우리만 본다는 게 너무 아깝지 않나?"
"그러게나 말일세.
다른 사람들도 이 책을 읽으면 좋을 텐데!"
석찬과 달잠은 스승이 남긴 책을 인쇄하기로 마음먹었어.
많은 양의 책을 빠르게 만들어 내기 위해서였지.

"돈은 내가 마련할 테니 두 사람은 인쇄 작업에 힘써 주시오."

흥덕사의 묘덕 스님이 인쇄에 필요한 돈을 시주 했어.

하지만 목판과 금속 활자 중 어떤 방법으로 인쇄할지 고민이었어.

"두 권이나 되는 책을 목판에 새기려면
나무가 꽤 많이 들 텐데."

"금속으로 한 글자씩 따로따로 만들면 어떤가?
그러면 활자를 보관하기도 편하고,
언제든 활자를 다시 배열해서 새로운 책을 찍을 수도 있어."

석찬과 달잠은 곧장 금속 활자를 만들기 시작했어.

시주 자비심으로 조건 없이 절이나 승려에게 물건을 베푸는 일.

말이 나온 김에 금속 활자를 어떻게 만들었는지도 알려 줄게.
정말 힘겨운 과정이었거든.
먼저 책 만드는 데 필요한 활자의 수를 헤아렸어.
그리고 벌집을 솥에 넣어 팔팔 끓인 다음
찌꺼기를 걸러 밀랍을 얻었지.
밀랍은 꿀벌이 벌집을 지을 때 분비하는 물질인데
굳어도 딱딱해지지 않아서 글자를 새기기 쉬웠어.

어미자 만들기

밀랍 가지 만들기

흙을 발라 말리기

쇳물 붓기

밀랍으로 만든 막대에 글자를 쓴 종이를 뒤집어 붙이고,
조각칼로 그 모양대로 새겨 어미자˙를 만들었어.
그런 다음, 어미자 여러 개를 가지 모양으로 붙이고
겉에 고운 흙을 발라 그늘에 말렸지.
단단히 굳은 흙에 불을 쬐면 밀랍이 녹아 나와서
밀랍이 있던 자리에 글자 모양의 빈 공간이 생겨.
여기에 쇳물을 부어서 굳힌 다음,
마지막으로 흙을 떼어 내 다듬으면
자그마한 금속 활자가 만들어지는 거야.
정말 많은 정성을 쏟아야 하는 일이었지.

어미자 글자를 볼록하게 새긴 후, 한 글자씩 잘라 낸 것.

활자 다듬기

활자가 준비되면, 책의 내용대로
활자를 맞추어 판에 배열했어.
이 활자판 위에 먹물을 고르게 칠하고,
종이를 덮어 먹물이 잘 묻도록 문질렀어.
그러면 책 한 바닥이 완성되지.
석찬과 달잠은 2년 동안 활자를 만들어
인쇄를 하고 책을 묶는 작업을 계속했어.
그렇게 해서 백운화상초록직지심체요절의 금속 활자본인
지금의 내가 탄생했단다.

짝짝짝짝!

소녀가 앙증맞은 손으로 박수를 크게 쳤어요.

"기계도 없이 손으로 책을 만들었다니 정말 대단해!"

소녀는 해맑게 웃었어요.

그러다 고개를 갸우뚱하며 물었어요.

"너는 한국에서 만들어졌잖아.

그런데 왜 프랑스에 있는 거야?"

"그건 그러니까……."

1377년에 내가 완성된 뒤로도
고려의 왕실과 귀족들은 정신을 차리지 못했어.
나랏일을 살피고 백성들을 보살피기는커녕
권력 다툼과 부정부패를 일삼았지.
승려들도 왕실에 빌붙어 제 잇속만 차렸어.
백성들의 마음은 점점 고려 왕실에서 멀어져 갔어.

세월이 흘러 1886년 조선 말,

조선과 프랑스는 '조불 수호 통상 조약'을 맺었어.

이듬해 플랑시라는 프랑스 사람이 외교관으로 조선에 왔어.

플랑시는 조선의 옛 책과 골동품˙들을 사 모았어.

그중에 겉표지가 떨어져 나간 나도 있었단다.

수백 년 동안 햇빛 한 번 보지 못한 내가

프랑스 외교관 플랑시의 손에 들어간 거지.

나의 마지막 장에는 '선광 7년 정사 칠월 일 청주목외

흥덕사 주자인시'라는 글귀가 적혀 있어.

이것은 '1377년 7월 청주 흥덕사에서

금속 활자로 인쇄했다.'라는 뜻이야.

골동품 오래되었거나 희귀한 옛 물품.

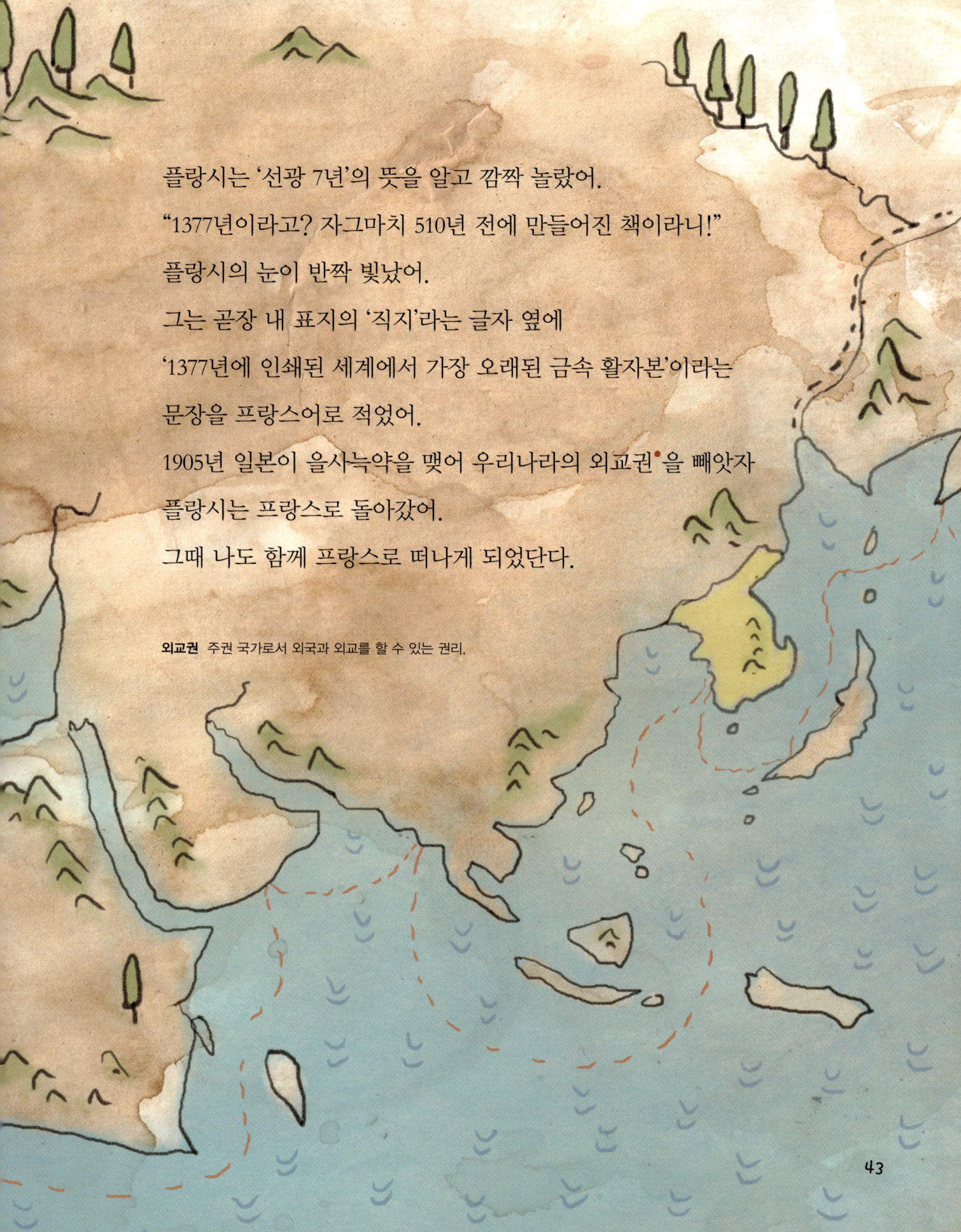

플랑시는 '선광 7년'의 뜻을 알고 깜짝 놀랐어.
"1377년이라고? 자그마치 510년 전에 만들어진 책이라니!"
플랑시의 눈이 반짝 빛났어.
그는 곧장 내 표지의 '직지'라는 글자 옆에
'1377년에 인쇄된 세계에서 가장 오래된 금속 활자본'이라는
문장을 프랑스어로 적었어.
1905년 일본이 을사늑약을 맺어 우리나라의 외교권을 빼앗자
플랑시는 프랑스로 돌아갔어.
그때 나도 함께 프랑스로 떠나게 되었단다.

외교권 주권 국가로서 외국과 외교를 할 수 있는 권리.

외교관을 그만두고 프랑스에 정착한 플랑시는
동양의 여러 나라에서 수집한 물건이 너무 많아 고민이었어.
"이걸 다 어떻게 처리하지?"
플랑시는 1911년 프랑스 파리에서 열린 경매장에
자신이 수집한 물건 883점을 내놓았어.
그중 우리나라 것이 700여 점이나 되었지.
경매장에서 프랑스의 유명한 골동품 수집가
앙리 베베르가 나를 눈여겨봤어.
"이 책을 180프랑에 사겠소."
나는 한국 돈으로 약 70만 원에 팔려 나갔지.
1950년에 앙리 베베르가 세상을 떠나면서
나를 프랑스 국립 도서관에 기증해 달라는 유언을 남겼어.
그래서 나는 1952년부터 이곳,
프랑스 국립 도서관의 동양 문헌실에서
도서 번호 109번, 기증 번호 9832번으로 불리며
지내고 있단다.

내가 긴 이야기를 마치자,
소녀는 나를 물끄러미 바라보았어요.
"그때부터 지금까지 쭉 여기에만 있었다고?"
"한 번은 아주 많은 사람들 앞에 나서기도 했어."
내 목소리에 힘이 들어갔어요.
"아, 프랑스에서 열린 '세계 도서의 해' 기념 전시회 때 말이지?"
소녀가 눈을 동그랗게 뜨고 목청을 높였어요.
"어, 네가 그 일을 어떻게 알아?"
나는 두 눈을 슴벅이며 소녀를 올려다보았어요.

"할머니께서 그때 일을 들려주셨거든.
우리 할머니는 프랑스에 오래 사셨는데,
이곳에서 너를 발견한 박병선 박사를 정말 존경한다고 하셨어."
"우아! 박병선 박사를 알고 있다니, 정말 반갑다!"
나는 오래전 헤어진 가족을 다시 만난 것처럼 기뻤어요.
"이번에는 내가 알고 있는 이야기를 들려줄게."
소녀가 눈을 반짝이며 나에게 속삭였어요.

박병선 박사는 프랑스에서 유학을 하고
1967년부터 프랑스 국립 도서관에서 사서로 일했어.
덕분에 프랑스 국립 도서관에 있는
한국 책들을 꼼꼼히 살펴보았는데,
그때 너를 발견했지.
박사는 네 표지에 적힌 글을 보고 깜짝 놀랐어.
'금속 활자로 인쇄된 가장 오래된 책'이라는
플랑시의 글 말이야.
그때까지만 해도 사람들은 1455년 무렵에
찍어 낸 구텐베르크의 《42행 성서》를
세계에서 가장 오래된 금속 활자본으로
알고 있었거든.

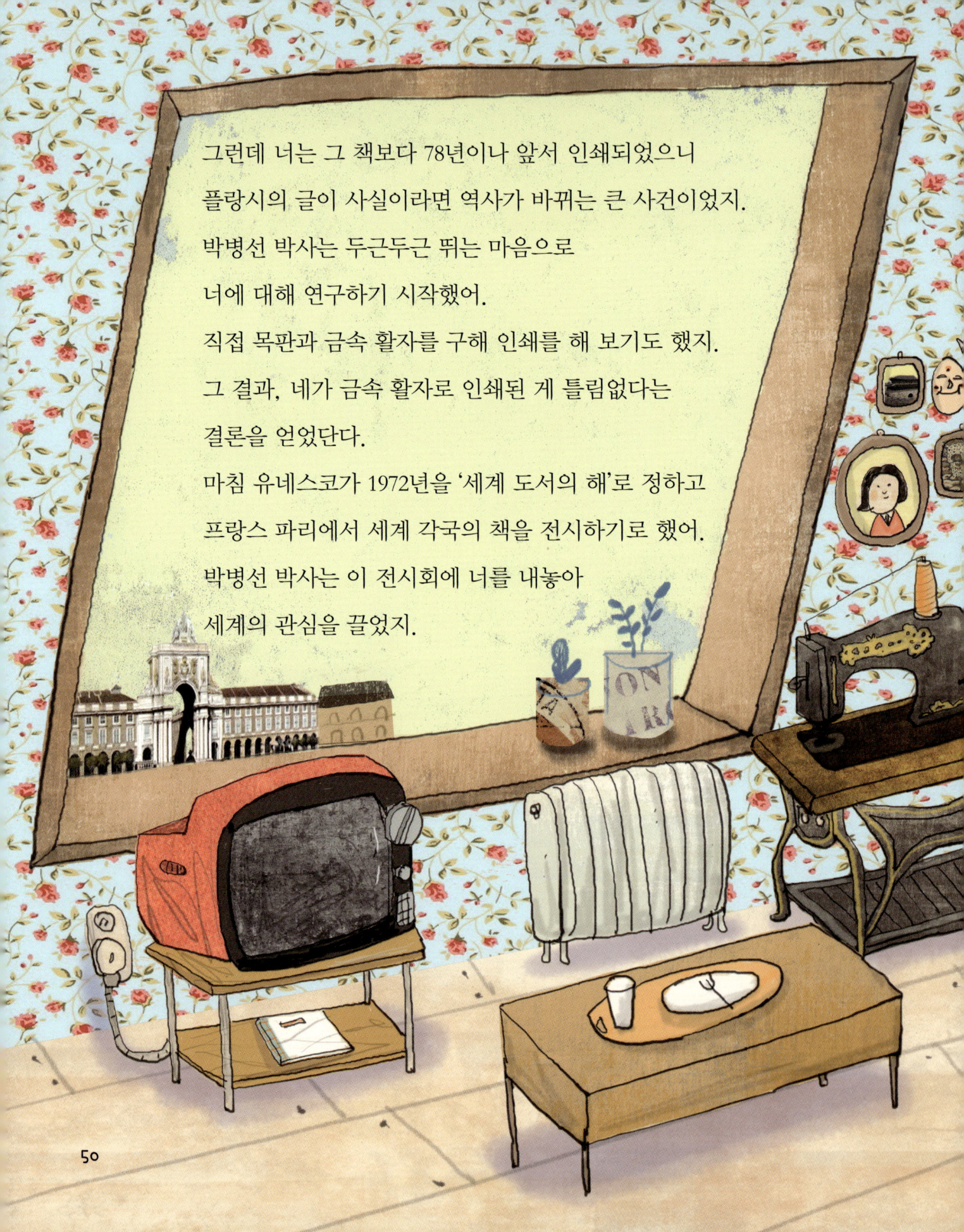

그런데 너는 그 책보다 78년이나 앞서 인쇄되었으니
플랑시의 글이 사실이라면 역사가 바뀌는 큰 사건이었지.
박병선 박사는 두근두근 뛰는 마음으로
너에 대해 연구하기 시작했어.
직접 목판과 금속 활자를 구해 인쇄를 해 보기도 했지.
그 결과, 네가 금속 활자로 인쇄된 게 틀림없다는
결론을 얻었단다.
마침 유네스코가 1972년을 '세계 도서의 해'로 정하고
프랑스 파리에서 세계 각국의 책을 전시하기로 했어.
박병선 박사는 이 전시회에 너를 내놓아
세계의 관심을 끌었지.

"그랬구나. 박병선 박사 덕분에 내가
금속 활자로 인쇄된 최초의 책으로 인정받았구나."
이제야 사람들이 나를 보려고 몰려든 이유를 알게 되었어요.
나는 가슴이 뭉클했어요.
소녀가 고개를 갸우뚱하며 말했어요.
"그런데 너는 왜 아직도 프랑스에 있는 거야?
한국으로 돌아가고 싶지 않아?"
"그럴 리가. 나도 내 고향 한국으로 돌아가고 싶어!"
"그런데 왜 가지 못하고 있니?
전 세계 사람들이 네가 한국의 문화재인 걸 아는데."

"프랑스가 나를 억지로 빼앗은 게 아니라
돈을 주고 사 왔기 때문에……."
나는 차마 말을 이을 수 없었어요.
"그렇구나. 너처럼 소중한 문화재를
우리나라에서 볼 수 없다니 마음이 너무 아파."
소녀는 고개를 푹 숙였어요.

"내가 프랑스에 있는 바람에
세계 기록 유산으로 선정될 때도 애를 먹었어.
세계 기록 유산은 전 세계의 귀중한 기록물을
보존하고 활용하기 위해 유네스코에서 선정해.
내가 만들어진 고장인 청주시는 나를 세계 기록 유산으로
등재해 달라고 유네스코에 신청서를 보냈어.
그런데 유네스코는 내가 한국에 있지 않다는 이유로
신청서 접수조차 받지 않았지.
청주시는 포기하지 않고 나를 세계 기록 유산으로
만들기 위해 안간힘을 쏟았어.
오랫동안 유네스코 관계자와 프랑스 정부를 설득한 끝에
2001년 9월, 나는 세계 기록 유산이 되었단다."

"정말 대단하다!"
소녀가 미소를 지었어요.
그러나 두 눈은 슬퍼 보였어요.
"나는 내일이면 한국으로 돌아가."
"우아, 정말? 좋겠다!"
나도 모르게 목소리가 커졌어요.
"너도 같이 가면 좋을 텐데……."
소녀는 내가 안쓰러운 모양이에요.
나는 한껏 씩씩한 목소리로 말했어요.
"난 세계가 인정하는 아주 귀중한 기록물이야.
아무도 나를 함부로 대하지 않으니 걱정 마.
그런데 내 부탁 하나 들어줄래?"
소녀가 눈을 동그랗게 뜨고 나를 보았어요.
나는 소녀를 향해 싱긋 웃었어요.

프랑스에 있는 직지에게

직지야, 잘 지내고 있지?
나는 드디어 어제 청주 흥덕사지에 다녀왔어.
고향 소식을 전해 달라는 너의 부탁을 들어주려고.
그런데 안타깝게도 흥덕사는 오래전에 불에 타 사라졌대.
사람들은 흥덕사가 어디에 있는지조차 알지 못하다가
1985년 공사를 하던 중, 어느 절터를 발견했어.
청주대학교의 발굴단이 그 주변을 조사했는데
흥덕사라는 글자가 새겨진 기와 조각과 청동으로 만든 북이 나왔어.
그래서 이 절터가 흥덕사 터라는 걸 알았지.
충청북도는 이곳을 사적지•로 지정하고
청주고인쇄박물관을 지어 너를 널리 알리고 있단다.

사적지 역사적으로 중요한 사건이나 시설의 자취가 남아 있는 곳.

그러니까 직지야, 너무 외로워하지 마.
네 고향 한국에 너를 기억하는
수많은 사람들이 있으니 말이야.
그리고 네가 우리나라로 돌아올 수 있도록
계속 노력하고 있다는 것도 꼭 기억해 줘.
한국에서 다시 만날 그날까지
건강하게 잘 지내. 안녕!

— 한국에서 서희가

직지심체요절이 들려주는 금속 활자 이야기

세계에서 가장 오래된 금속 활자본인 직지심체요절을 자세히 살펴보고, 우리나라의 인쇄 기술이 어떻게 발전해 왔는지 알아봐요.

직지심체요절은 어떻게 생겼나요?

직지심체요절은 가로 17센티미터, 세로 24.6센티미터 크기로, 지금 읽고 있는 이 책보다 조금 작아요. 직지심체요절을 인쇄하는 데 쓰인 활자의 종류는 5,538종이고, 사용한 활자의 개수는 1만 4,021개예요. 같은 모양의 글자도 활자의 크기를 달리하여 큰 활자는 본문에 쓰고, 작은 활자는 내용을 자세히 설명하거나 풀이하는 데에 썼어요.

그런데 오늘날 전해 오는 직지심체요절의 표지는 만든 당시의 것이 아니에요. 17~18세기에 이 책을 손에 넣은 사람이 표지를 다시 만들어 붙였지요. 표지는 한지를 여러 겹 붙여 두껍게 만든 다음, 마름꽃 무늬를

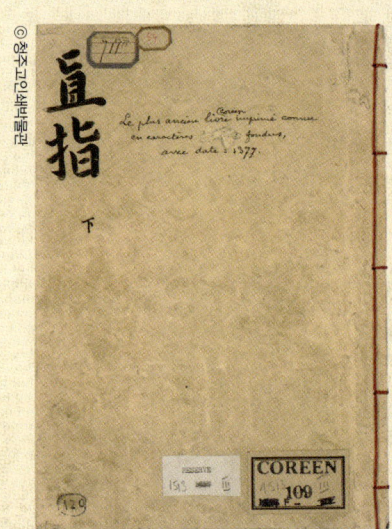 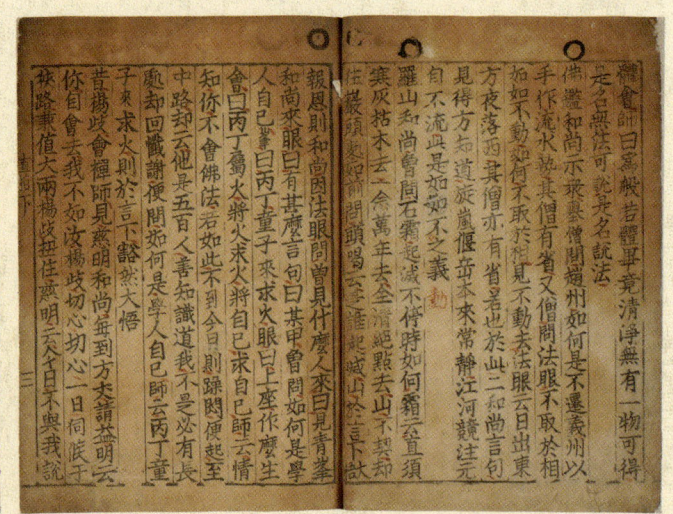

세계에서 가장 오래된 금속 활자본 《직지심체요절》.

찍어 꾸미고 치자즙으로 염색했어요. 본문의 종이는 닥나무 속껍질로 만든 닥종이를 썼어요. 오른쪽 가장자리에는 5개의 구멍을 뚫어 붉은색 실로 꿰맸는데, 이는 예로부터 책을 묶을 때 쓰던 방식이랍니다.

직지심체요절에는 어떤 내용이 담겨 있나요?

유명한 승려들이 부처의 가르침이나 불교의 교리에 대해 쓴 글이 담겨 있어요. 그 주된 내용은 즉심시불(卽心是佛)이지요. 마음을 갈고 닦아 도를 깨우치면 누구나 부처의 마음에 이를 수 있다는 뜻이에요.

즉심시불에는 만물이 평등하다는 생각이 담겨 있어요. 옛날에 어떤 사람이 "무엇이 부처의 마음인가요?"라고 묻자, 승려가 "담벼락과 기왓장과 자갈이니라."라고 대답했다는 이야기가 있어요. 이것은 부처의 마음이 인간이나 동물처럼 생명이 있는 존재뿐 아니라 담벼락이나 기왓장, 자갈에 이르기까지 세상 모든 것에 똑같이 깃들어 있다는 의미예요.

또한 즉심시불은 모든 생각에서 벗어나 마음을 비우라고 가르쳐요. 마음은 본래 맑고 깨끗해서 그 자체로 세상을 비추어 깨달음을 얻을 수 있는데, 세상 사람들은 보고 듣고 생각함으로써 무언가를 알아내려 한다고 해요. 이는 어지럽고 사사로운 생각이므로 경계하라고 말하지요.

직지심체요절은 정말 금속 활자로 찍었나요?

　금속 활자 인쇄와 목판 인쇄의 차이점을 알면, 직지심체요절을 금속 활자로 인쇄했다는 걸 밝힐 수 있어요.

　목판 인쇄는 커다란 나무 판에 글자를 새기고 먹물을 발라 종이에 찍어 내는 인쇄 방식이에요. 나무 판에 책의 한 면을 통째로 새기지요. 그래서 불교의 경전같이 내용을 바꿀 필요가 없는 책을 많이 인쇄할 때 썼어요. 고려의 《팔만대장경》이 목판 인쇄로 찍은 대표적인 책이지요.

　목판 인쇄로 만든 책은 글자의 열이 고른 편이에요. 하지만 수많은 면의 글자를 여러 사람이 나누어서 새겼기 때문에, 각 사람의 실력에 따라 글자 모양에 차이가 났어요. 또 인쇄한 글자에 칼자국이나 나뭇결이 보이기도 해요.

　이와 달리 금속 활자 인쇄는 낱개의 활자를 조합해서 인쇄판을 다양하게 만들 수 있어요. 그래서 여러 종류의 책을 조금씩 인쇄할 때 알맞아요. 하지만 활자를 판에 끼워 맞추는 과정에서 활자가 비뚤어지거나 거꾸로 박힌 채 인쇄되기도 해요. 간혹 실수로 글자를 빠트려서, 인쇄 후에 손으로 직접 써 넣은 흔적도 보이지요. 또 활자의 높낮이가 달라 먹물이 많이 묻은 활자는 진하게 인쇄되고, 먹물이 덜 묻은 활자는 흐리게 인쇄되는 등 글자의 진하기에 차이가 나요. 금속 활자를 만들 때 공기가 들어가 생긴 방울 모양 흔적이 인쇄한 글자에 보이기도 하고요.

직지심체요절은 다양한 서체와 크기의 활자들로 인쇄했어요. 하지만 활자가 많아도, 똑같은 활자는 한 판에 하나밖에 쓸 수 없어요. 그래서 직지심체요절의 한 면에는 같은 서체와 크기의 글자가 딱 하나만 나와요. 그러나 다른 면을 인쇄할 때는 활자를 다시 조립해서 판을 만들기 때문에, 책 전체로 보면 여러 곳에서 똑같은 서체와 크기의 글자가 보여요. 이 또한 금속 활자로 찍은 책의 특징이랍니다.

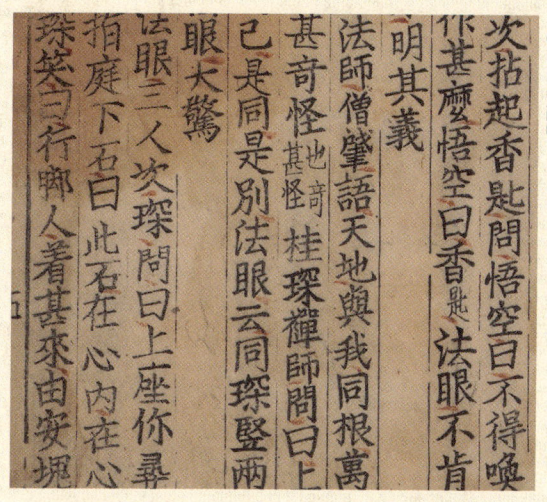

낱개의 금속 활자를 조합하여 인쇄한 직지심체요절은 글자의 모양과 크기가 고르지 않아요. 글자 열도 조금 삐뚤삐뚤하지요.

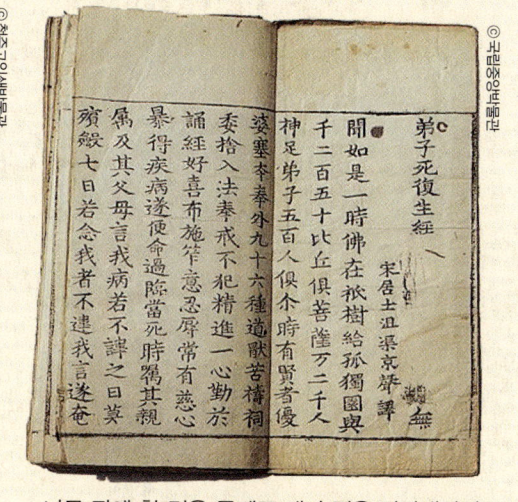

나무 판에 한 면을 통째로 새겨 찍은 팔만대장경은 글자의 모양과 크기가 고르고 글자 열이 잘 맞아요.

직지심체요절에 쓰인 금속 활자는 어떻게 만들었을까요?

직지심체요절에 사용된 흥덕사의 금속 활자는 밀랍 주조법으로 만들었어요. 그 방법을 자세히 알아봐요!

1. 글자본* 정하기

금속 활자를 새기는 데 본으로 삼을 글자를 정해요. 그런 다음 인쇄에 필요한 글자의 종류와 크기, 개수대로 글자본을 준비해요.

2. 글자본 붙이기

밀랍으로 만든 막대 위에 글자본을 뒤집어 붙여요.

3. 어미자 만들기

글자본을 따라 조각칼로 글자를 새긴 다음, 한 글자씩 잘라 내요. 이것을 '어미자'라고 해요.

4. 밀랍 가지 만들기

밀랍으로 기다란 봉을 만든 다음, 어미자를 봉 끝에 하나하나 붙여요. 이것을 '밀랍 가지'라고 해요.

글자본 활자를 새기기 위한 글자의 본. 사람이 직접 써서 만들거나, 이미 있는 책에서 잘라 내어 사용함.

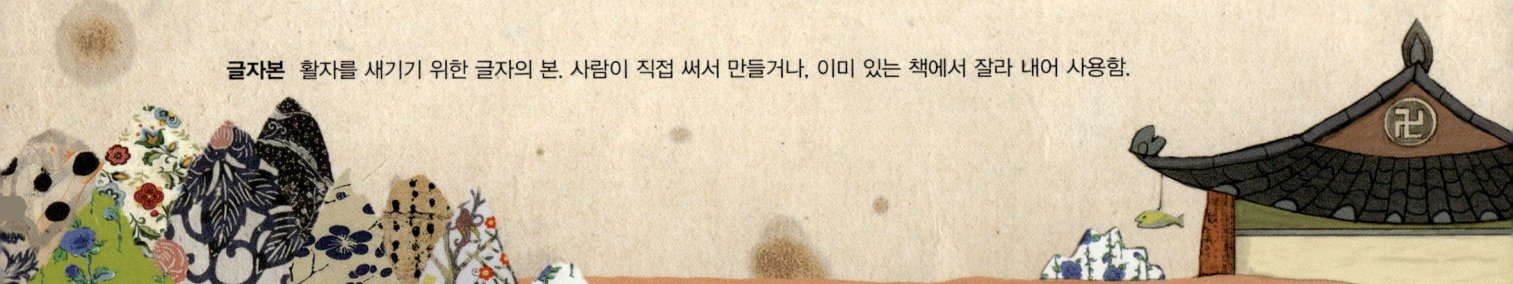

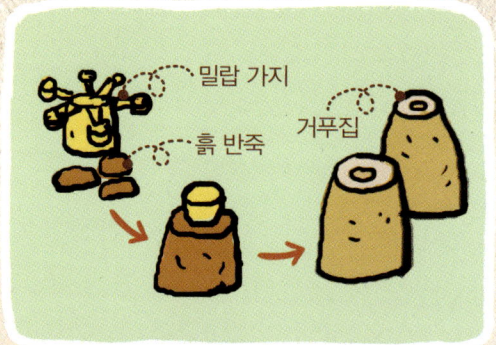

5. 거푸집* 만들기
흙을 반죽하여 밀랍 가지를 감싸요. 그런 다음 불에 구우면 밀랍이 녹아서 밖으로 흘러나와요. 흙 안쪽에는 밀랍에 새긴 글자의 모양이 남아 거푸집이 완성돼요.

6. 쇳물 붓기
거푸집이 뜨거울 때, 청동을 녹인 쇳물을 부어요. 거푸집과 쇳물의 온도가 비슷해야 쇳물이 골고루 흘러들어요.

7. 금속 활자 꺼내기
쇳물이 식으면 흙으로 된 거푸집을 깨고 금속 활자를 꺼내요.

8. 금속 활자 다듬기
톱으로 금속 활자를 하나씩 가지에서 떼어 낸 뒤, 크기가 비슷해지도록 다듬어요.

거푸집 만들려는 물건의 모양대로 속이 비어 있어 쇠를 녹여 붓도록 된 틀.

우리나라의 인쇄 기술은 어떻게 발전해 왔나요?

　우리나라의 인쇄 기술은 지금으로부터 1300여 년 전인 통일 신라 시대로 거슬러 올라가 살펴볼 수 있어요. 700년~751년 무렵 목판으로 인쇄된 《무구 정광 대다라니경》은 일본의 《백만탑다라니경》보다 약 20년 앞섰으며, 중국의 《금강반야바라밀경》보다는 최소 118년 전에 인쇄되었어요. 현재 세계에서 가장 오래된 인쇄물로서, 예로부터 우리나라가 인쇄 선진국이었음을 증명하지요.

　고려 시대에는 나라에 닥친 위기를 부처의 힘으로 극복하고자 여러 경전을 인쇄했어요. 1011년 고려 임금 현종은 거란의 침입을 물리치고자 《초조대장경》을 만들게 했어요. 그 후, 고려 승려 의천이 불교의 여러 책들을 모아 4천 권이 넘는 《교장》을 목판으로 인쇄했어요. 도읍을 강화도로 옮긴 고려는 1236년부터 16년 동안 《초조대장경》을 보완하여 《재조대장경》을 만들었어요. 8만 1,258장이나 되는 목판을 앞뒤로 하여 약 16만 쪽을 인쇄했어요. 목판이 8만 개가 넘어 《팔만대장경》이라고 부르지요.

　목판 인쇄는 나무를 너무 많이 써야 하고, 목판을 보관하기도 어려웠어요. 이러한 단점을 해결하고자 금속 활자로 인쇄하기 시작했어요. 우리나라에서 처음으로 만든 금속 활자본은 《상정고금예문》이에요. 도덕과 예절에 관한 글을 모은 책이지요. 이 책은 현재 남아 있지 않아요. 다

만 고려의 문신 이규보가 《동국이상국집》에, 1234년에서 1241년 사이에 《상정고금예문》을 금속 활자로 28부 찍어 여러 관청에 나누어 주었다는 기록을 남겨 놓아 그 존재를 짐작할 수 있지요.

조선 시대에 이르러 금속 활자 인쇄 기술이 크게 발전했어요. 태종 임금은 주자소라는 관청을 두고 본격적으로 금속 활자를 만들기 시작했어요. 1403년에는 구리로 10만 개에 달하는 활자를 만들었어요. 계미년에 만들었다고 하여 '계미자'라고 부르지요. 이후 1420년에 세종대왕이 계미자의 모양을 좀 더 가지런히 고쳐서 '경자자'를 만들었어요. 1434년에는 '갑인자'라는 글자를 20만 개 만들어 수많은 책을 편찬하고 보급하였어요.

조선 후기에는 인쇄와 출판을 전문으로 하는 관청인 박문국을 세우고, 《한성순보》라는 현대식 신문을 발간했어요. 이렇듯 우리나라는 예로부터 뛰어난 인쇄 기술을 활용하여 문화를 발전시키고 후손들에게 효과적으로 지식을 전해 왔어요. 뿐만 아니라 중국과 일본의 인쇄 문화에도 큰 영향을 주었답니다.

| 작가의 말 |

자랑스러운 세계 기록 유산, 직지심체요절!

친구들은 일기 쓰기를 좋아하나요? 책을 읽고 독후감 쓰는 건 어때요? 매일 일기를 쓰거나 책의 내용과 느낀 점을 글로써 기록하는 것은 솔직히 쉬운 일은 아니에요. 하지만 시간이 한참 흘러서 어른이 되었을 때, 지금 쓴 일기나 독후감을 읽는다면 어떨까요?

"맞아, 그때 학교에서 친구들이랑 이렇게 놀았지!"

"그래, 이 책은 정말 재미있게 읽었어!"

그때의 기록을 보고 어린 시절을 선명하게 떠올릴 수 있을 거예요. 잊고 지내던 소중한 가치들을 깨치거나 뜻밖의 지식과 지혜를 얻을 수도 있어요. 무엇인가를 기록하는 것은 그래서 매우 중요하답니다.

우리나라는 아주 먼 옛날부터 기록하는 일을 중요하게 여겼어요. 임금의 말이나 행동은 물론 나라의 크고 작은 일들까지 꼼꼼히 기록했지요. 특히 불교를 떠받든 고려에서는 부처의 가르침에 대해 수많은 기록을 남겼어요. 그리고 더욱 효율적으로 기록하고 널리 알리려 하다 보니 자연스럽게 인쇄 기술이 발달했지요.

이 책의 주인공 직지심체요절은 금속 활자로 인쇄한, 세계에서 가장 오래된 책이에요. 우리나라가 약 700년 전부터 금속 활자 인쇄 기술을 갖고 있었다는 사실을 증명하지요. 금속 활자 인쇄 기술은 미국의 한 시사 잡지에서 '인류 역사 발전에 큰 영향을 끼친 100대 사건' 중 1위로 뽑았을 만큼 대단한 일이에요. 그 선두에 우리나라가 있다니 정말 자랑스럽지 않나요?

그런데 직지심체요절은 플랑시가 프랑스로 가져간 이후 단 한 번도 한국에 온 적이 없어요. 청주시는 프랑스에 직지심체요절을 빌려 달라고 여러 번 요청했지만, 끝내 받아들여지지 않았어요. 우리의 소중한 문화재를 우리 손으로 지켜 내지 못했다는 사실이 너무도 안타깝고 속상했답니다. 그래서 이 책을 쓸 때, 바다 건너 먼 나라에서 고향을 그리워하고 있을 직지의 목소리가 더욱 절절하게 들려오는 듯했지요.

여러분도 책을 읽으며 직지의 목소리에 귀 기울여 주세요. 고향으로 돌아오고 싶어 하는 직지의 간절한 소원이 전해졌다면, 직지에게 편지를 써 보는 건 어떨까요? 그럼 우리 책 직지가 좀 더 빨리 우리 곁으로 돌아올지도 몰라요. 기록은 기억하고 널리 알리는 힘이 있으니까요.

2018년 새해 첫 달에
최은영